Für _____

Von _____

D1746049

Alle Exley Bücher finden Sie im Internet unter www.exley.de

Weitere Geschenkbücher von Helen Exley :
Das Dankeschön Buch   Das Buch zum Geburtstag
Liebe für ein ganzes Leben   Kleine frivole Aussprüche
Ich vermisse Dich   Alles über Stress

Veröffentlicht im Jahre 2004 von Exley Verlag GmbH,
Kreuzherrenstr.1, 52379 Langerwehe-Merode, Deutschland

Copyright © Helen Exley 1999

Die moralischen Rechte des Autors sind gewahrt.
Nachforschungen: Margaret Montgomery
Randillustrationen von Juliette Clarke
Herausgabe und Bildauswahl von Helen Exley

ISBN 3-89713-121-8

Eine Kopie der CIP Daten ist von der British Library auf Anforderung erhältlich. Alle Rechte vorbehalten. Das Werk, einschließlich aller seiner Teile, ist urheberrechtlich geschützt. Jede Verwertung außerhalb der engen Grenzen des Urheberrechtsgesetzes ist ohne schriftliche Zustimmung des Verlages unzulässig und strafbar. Das gilt insbesondere für jede Art von Vervielfältigungen, für Übersetzungen, Mikrover-filmungen, Einspeicherung und Verarbeitung in elektronischen Systemen.

Bildforschung von Image Select International
Deutsche Übertragung von Hella Hinzmann
Gedruckt in China

TEESTUNDE

EIN HELEN EXLEY GESCHENKBUCH

☒ EXLEY

BRUSSELS, B - LANGERWEHE-MERODE, D - NEW YORK, USA - WATFORD, UK

Tee mit Freunden

Eine Freude, die die Wiederholung
wert ist, wieder und wieder.
Herzliche Gespräche,
Tee und Freunde.

Miss Madeline

In einer Tasse heißem Tee ist so etwas
unbestreitbar Herzerwärmendes
und Gesprächsbereitendes ...
Es ist ein ideales Rezept gegen das
Alleinsein. Vielleicht ist es nicht einmal
der Tee selbst, sondern der Kreis
glücklicher Freunde, die begierig auf
einen netten Plausch sind.

Book of Etiquette

SÜCHTIGE

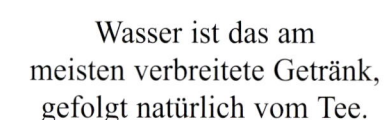

Wasser ist das am
meisten verbreitete Getränk,
gefolgt natürlich vom Tee.

HELEN THOMSON, GEB. 1943

Tee ist mein Allheilmittel, mein Tröster
wenn Du so willst, meine "Droge".

DIANA KENNEDY

Die perfekte Art, den Tag zu beginnen,
ist mit einer Tasse Tee im Bett.
Die perfekte Art, den Tag ausklingen
zu lassen, ist auch mit einer
Tasse Tee im Bett.

STUART UND LINDA MACFARLANE

Man sitzt im Bus, Regen tropft einem von der Nase, die Schuhe sind quietschnass, die Füße schmerzen und man denkt sehnsüchtig an eine Tasse Tee.

PAM BROWN, GEB. 1928

(Ich bin) ein abgehärteter und schamloser Teetrinker, der schon jahrelang seine Mahlzeiten nur mit dem Aufguss dieser faszinierenden Pflanze einnimmt; dessen Teekessel kaum Zeit zum Abkühlen hat; der sich mit Tee den ganzen Abend amüsiert, der sich um Mitternacht mit Tee tröstet und der mit Tee den Morgen willkommen heißt.

SAMUEL JOHNSON (1709 - 1784)
TRANK 40 TASSEN TEE AM TAG

DIE ANNEHMLICHKEITEN VON TEE

Eine Tasse Tee an einem ruhigen
Plätzchen bringt Freude
ins Herz und zaubert
ein Lächeln aufs Gesicht.

MISS MADELINE

(Tee bewirkt) dass Du Dich weiser,
mutiger und optimistischer fühlst,
wenn Du ihn getrunken hast.

GEORGE ORWELL
AUS "A NICE CUP OF TEA"

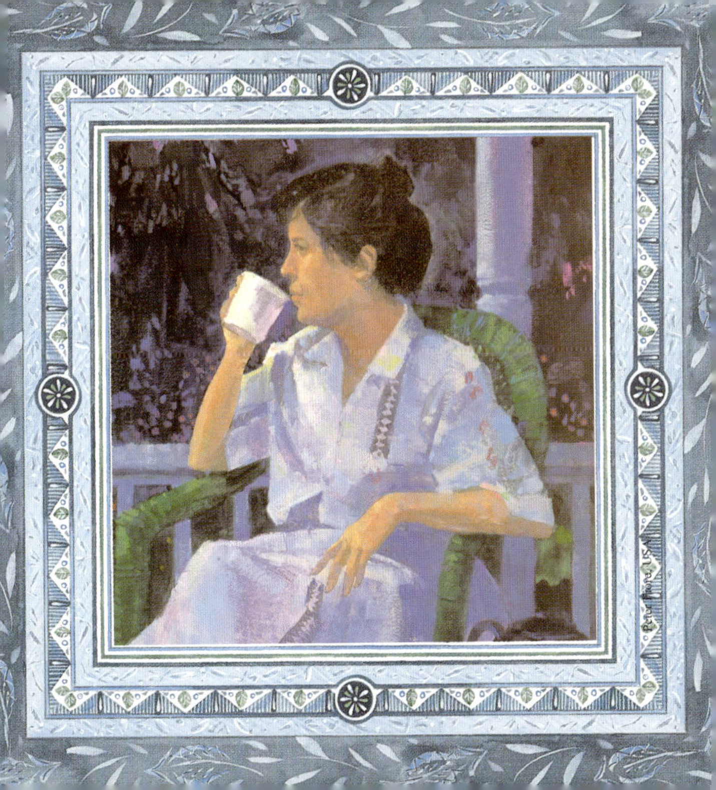
Peter Fiore, USA

"DIE TEE-STORY"

... nur selten gehen wir durch den Tag ohne Tee zu trinken, an Tee zu denken, darüber zu lesen oder zu hören.
Und das trifft auf nahezu jedes Land der Welt zu, ungeachtet der Rasse, des Glaubens oder der Politik ihrer Bewohner. Tee gibt es in Büros und Fabriken, Zügen und Flugzeugen. Auf hohen Bergen, im Busch und Urwald, auf Schiffen auf hoher See und auf U-Booten. Man trinkt ihn aus eierschalenfarbigen hauchdünnen Tassen oder aus Steingutbechern, aus teuerstem Porzellan, aus Jadetassen mit goldenem Teller, wie man Père Huc darreichte, und aus angeschlagenen alten Militärbechern.
Tee gibt es in Palästen, Landhäusern,

Reihenhäusern der Städte und Arbeiterhütten.
Er gehört in jedes Haus, unbedingt und ohne
Klassenunterschied. Er ist die Form der
Gastfreundschaft, die Reiche den Armen
und Arme den Reichen anbieten können,
gleichermaßen und ohne Verlegenheit auf
irgendeiner Seite. Er bedeutet häusliches
Glück und macht Fehlschläge und Strapazen
erträglicher.

J. M. SCOTT, AUS "THE TEA STORY"

Tee für Zwei

Zwei Menschen sitzen bei einer
Tasse Tee und Butterkeks zusammen,
schieben all die großen Ängste
der Welt beiseite und leben
für einen Augenblick in
ihrem eigenen Garten Eden.

PAM BROWN, GEB. 1928

Peter Fiore, USA

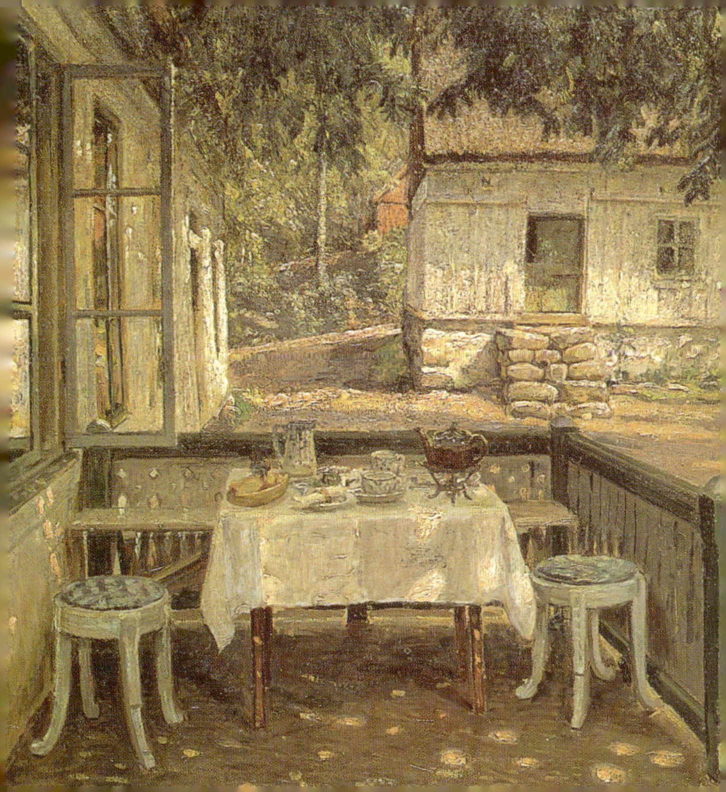

TEE IN TIMBUKTU

Etwa 3000 Fuß hoch auf einem Berg in Wales. Neblig, bitter kalt, einsam. Nur das Himmelszelt darüber! Der Mann in der Hütte verkauft heißen, starken indischen Tee. Dickwandige Tassen, keine Unterteller. Was für ein Göttertrank!

MRS. IVY POTTS

Es gibt nur eines, das schlimmer ist als billiger Tee und zwar, ihn mit Kondensmilch zu servieren.
Es sei denn, Du hast gerade vier Stunden Wache auf See gehabt, dann schmeckt er wie Nektar.

PAM BROWN, GEB. 1928

In den fast dreißig Jahren meiner Reise auf den staubigen Straßen Indiens habe ich herausgefunden, dass Tee in seinen vielfältigen Formen ein heiterer und belebender Begleiter ist, einer, ohne den ich nicht sein kann.

SHERPA TENZING

Niemand, der nicht schon in Fernost gereist ist und nach einer Tagesreise zu Fuß durch einen dampfenden Malaria-Dschungel an einem Schuppen eines armen Chinesen angekommen ist, wo er dankend ein Dutzend Tassen Tee getrunken hat, die ihm freimütig angeboten wurden, kann wissen, wie köstlich und belebend selbst der bescheidenste Tee sein kann.

HENRY NORMAN, AUS "THE FAR EAST"

Ein herzliches Willkommen

Eine Tasse Tee bei der Ankunft im Landhaus ist etwas, fast wie eine Zeremonie, die ich besonders mag. Ich mag das Knistern der Holzscheite, das gedämpfte Licht, den Duft von frischem Buttertoast, die generelle Atmosphäre von gelassener Gemütlichkeit.

P. G. WODEHOUSE
(1881 - 1975)

Russische Schule

Wir lieben unseren Tee

Ob in klingenden Porzellantassen
in netten Gesellschaftsräumen oder
in dicken Bechern auf Baustellen
wir lieben unseren Tee.
Er erquickt und stimuliert uns
und wir fühlen uns wie zu Hause.
Weniger aufregend als Kaffee,
nicht so klebrig wie Fruchtsaft,
nicht so problematisch wie Alkohol,
paßt er einfach gut zum wirklichen
Leben: zu Kuchen und Sympathie
und Momenten lockerer
Geselligkeit.

LIBBY PURVES

Wenn Dir kalt ist, wärmt Dich der Tee
Wenn Du erhitzt bist,
bringt er Dir Kühlung -
Wenn Du bedrückt bist,
heitert er Dich auf -
Wenn Du erregt bist, beruhigt er Dich.

WILLIAM E. GLADSTONE (1809 - 1898)

Es ist das Rühren im Tee,
das die Welt bewegt.

STUART UND LINDA MACFARLANE
SELBSTBEKENNENDE TEE-FANATIKER

A.E. Marty, 1931

Unser Magen braucht ihn ...

Es ist schon seltsam, diese Dominanz unserer Verdauungsorgane über unseren Verstand. Wir können nicht arbeiten und wir können nicht denken, wenn unser Magen es nicht will. Er diktiert uns unsere Emotionen und unsere Leidenschaften ... Nach einer Tasse Tee (zwei Teelöffel pro Tasse und nicht länger als drei Minuten ziehen lassen) sagt er zu unserem Gehirn: "Nun steh` auf und zeig` Deine Stärke. Sei redegewandt und tiefgründig und sorgsam; schaue mit wachem Auge in die Natur und in das Leben: breite die weiten Flügel Deiner bebenden Gedanken aus und erhebe Dich wie ein göttlicher Geist über die quirlige Welt unter Dir, schwebe durch lange Reihen glühender Sterne zu den Toren des Jenseits!"

JEROME K. JEROME (1859 - 1927)
AUS "THREE MEN IN A BOAT"

"Er machet den Körper aktiv und frisch"

Er machet den Körper aktiv und frisch.
Er helfet gegen Kopfweh, Schwindel und Schläfrigkeit.
Er entfernet Verstopfungen der Milz.
Er ist sehr gut gegen Steine und Gries, reiniget die Nieren und Harnwege, wenn man ihn mit Virgin`s Honig anstatt mit Zucker trinket.
Er helfet bei Atembeschwerden und öffnet Blockaden. Er ist gut gegen Mundfäule und Brennen und kläret den Blick.
Er vertreibet die Müdigkeit und erheiteret und läuteret das menschliche Gemüt und die Leber.
Er besieget schwere Träume, beruhiget den

Verstand und stärket das Gedächtnis.
Er besieget überflüssigen Schlaf und verhinderet
allgemein Schlafsucht, wenn man einen Trunk
dieses Aufgusses zu sich nehmet, so dass man
ohne Ärger ganze Nächte lang studieren kann,
ohne dem Körper zu schaden.
Er verhinderet und heilet Schüttelfrost,
Übersättigung und Fieber und durch Trinken einer
geeigneten Menge dieses Blattwerks wird ein
ganz sanftes Erbrechen und ein Schweißausbruch
der Poren provoziert.

THOMAS GARWAY
AUS EINEM WERBEBLATT VON 1660 FÜR TEE

TEESTUNDE

Sie (die Teestunde) ist eine freundliche Verordnung, ein stimulierendes Ereignis. Sie übermittelt gleichzeitig einen Sinn für Tradition als auch eine gewisse Vertraulichkeit.

AGNES REPPLIER (1855-1950)
AUS "TO THINK OF TEA"

Es gibt wenige Stunden im Leben, die liebenswürdiger sind als die Stunde, die der Zeremonie gewidmet ist, die man als Nachmittagstee kennt.

HENRY JAMES (1843-1916)

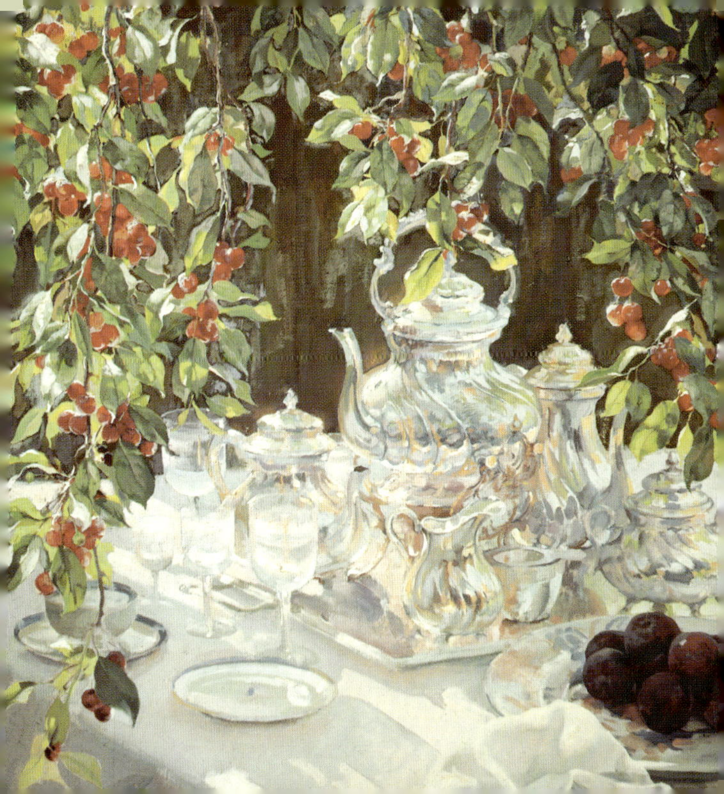

Ein Vergnügen

Tee, Du nüchterne, weise und ehrwürdige Flüssigkeit, Du ... schmeichelst der Zunge, bist wohltuend wie ein Lächeln und öffnest die Herzen, wirst mit einem Augenzwinkern getrunken. Ich verdanke Dir bis zur glorreichen Geschmacklosigkeit meine glücklichsten Momente im Leben, laß mich vor Dir niederfallen.

COLLEY CIBBER (1671-1757)

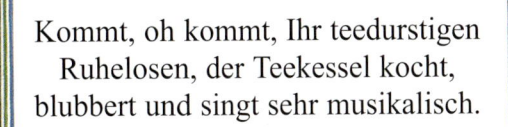

Kommt, oh kommt, Ihr teedurstigen Ruhelosen, der Teekessel kocht, blubbert und singt sehr musikalisch.

RABINDRANATH TAGORE (1861-1941)

Tee ist nicht einfach nur eine Ware wie Salz oder Hafermehl, sondern auch ein Vergnügen, eine Reise, sogar eine Offenbarung dann und wann!

JAMES NORWOOD PRATT
AUS "THE TEA LOVER'S TREASURY"

K. Hokusai, Japan

TEE IST EIN KUNSTWERK

Tee ist ein Kunstwerk und braucht die Hand eines Meisters, um seine nobelsten Qualitäten hervorzubringen ... Es gibt nicht nur ein Rezept, um den perfekten Tee zu bereiten, weil es auch keine Regel dafür gibt, einen Tizian oder einen Sesson zu schaffen. Jede Zubereitung der Blätter hat ihre Eigenheiten, ihre besondere Übereinstimmung von Wasser und Wärme, ihre überlieferten Erinnerungen zurückzurufen, ihre eigene Methode, die Story zu erzählen. Aber das wirklich Schöne muß immer darin sein. Wie leiden wir durch den ständigen Fehler der Gesellschaft, dieses einfache und fundamentale Gesetz der Kunst und des Lebens nicht zu erkennen.

KAKUZO OKAKURA (1862-1913)

ER BRINGT HARMONIE UND GLEICHGEWICHT INS LEBEN

Sozial gesehen ist das Ritual der Teepause
Teil des Gefüges unserer Gesellschaft.
Das Aufsetzen des Kessels für eine
Tasse Tee ist eine Beruhigung,
besonders in Zeiten großen Drucks
und Stresses, wir tun es automatisch.
Bei der Arbeit gibt es uns die Gelegenheit
zu einem Schwätzchen,
wozu auch ermutigt werden sollte,
weil Kommunikation gut für uns ist.

DR. DAVID LEWIS

Tee ist der Menschheit ältestes
und beliebtestes Getränk,
weil eine Tasse Tee gut schmeckt und
weil sie das Leben angenehmer macht
durch das Gefühl des Wohlsbefindens,
das sie dem Geist und dem Körper gibt.

GERVAS HUXLEY, AUS "TALKING OF TEA"

Tee zügelt das Temperament und harmonisiert
den Geist, vertreibt die Müdigkeit und lindert
Strapazen, weckt die Gedanken und überwindet
Schläfrigkeit, erhellt und erfrischt den Körper
und schärft das Wahrnehmungsvermögen.

LU YU, AUS "CH'A CHING (THE CLASSIC OF TEA)"

Das gute Leben

Eine Tasse Tee am Morgen
setzt den Geist in Bewegung,
erfrischt und erschließt
verborgene Gedanken;
eine Tasse Tee
nach der Mahlzeit
vertreibt Mundgeruch
und Sorgen;
eine Tasse Tee beim Arbeiten
löscht den Durst,
verjagt Kummer und gibt Dir

das Gefühl der Ruhe zurück;
eine Tasse Tee nach
des Tages Arbeit
lockert die Gelenke und Muskeln
und löst die Ermüdung;
Tee hält den Doktor fern
und Du fühlst Dich stark;
Tee verlängert Dein Leben
und die Freude an Deiner
Langlebigkeit.

EIN ALTER CHINESISCHER DICHTER

... DER WAHRE REICHTUM DES TEETRINKENS
LIEGT IN SEINER FÄHIGKEIT,
DAS ALLTÄGLICHE ZU BEREICHERN,
DEN AUGENBLICK MIT BEDEUTSAMKEIT ZU
VERGOLDEN UND DAS LOSLASSEN DER
TÄGLICHEN AUFGABEN ZU FEIERN.

CATHERINE CALVERT, AUS "HAVING TEA"

Walter Osborne, Irland

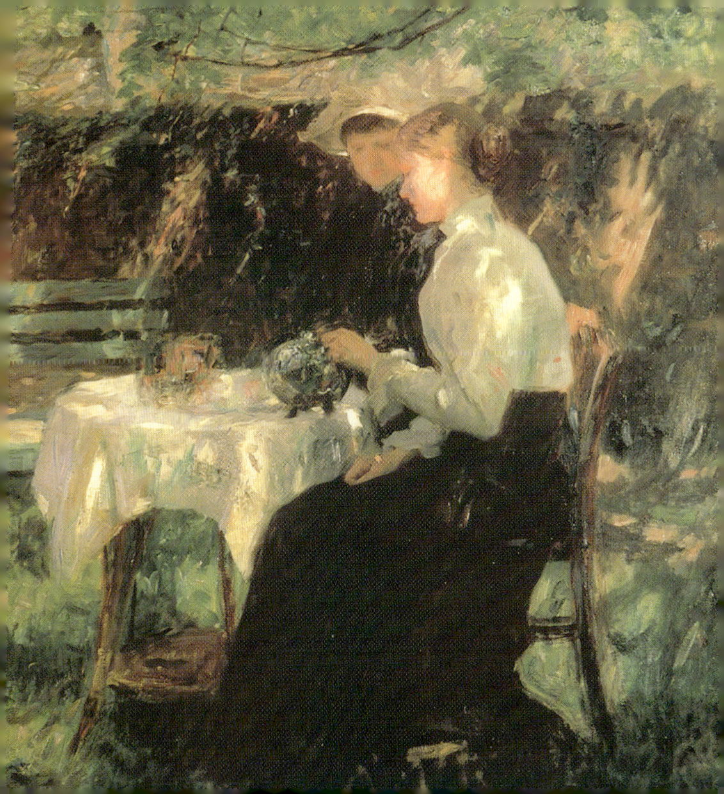

Zuflucht vor den Anforderungen unseres Lebens

Menschen auf der ganzen Welt nehmen sich Zeit, um Tee zu bereiten, als ob sie damit anerkennen, dass zum Teetrinken das Zubereiten gehört und dass das Trinken eine Zuflucht ist, ein Augenblick Aufschub vor den Anforderungen unseres Lebens.

James Norwood Pratt
aus "The Tea Lovers Treasury"

Wir sitzen abends in einer Berghütte und
bereiten Tee mit dem Wasser einer Bergquelle.
Wenn das Feuer das Wasser erhitzt, hören wir
ein Geräusch ähnlich dem Singen des Windes
in den Kiefern. Wir gießen den Tee in eine
Tasse und der zarte Widerschein seines
Lichtes spielt an den Wänden.
Das Vergnügen eines solchen Augenblicks
kann nicht mit ungebildeten
Menschen geteilt werden.

T'U LUNG, AUS "CH'ACHIEH" (1592)

Die Tee-Zeremonie

Die japanische Teezeremonie erfordert viele
Jahre Übung und Erfahrung, um Meister
dieser Kunst zu werden ... Und doch bedeutet
die ganze Kunst bis ins Detail nicht mehr als
das Bereiten und Servieren einer Tasse Tee.
Aber es ist eine wirkliche Kunst
eine höchst vorzügliche Kunst.

LAFCADIO HEARN (1850-1904)

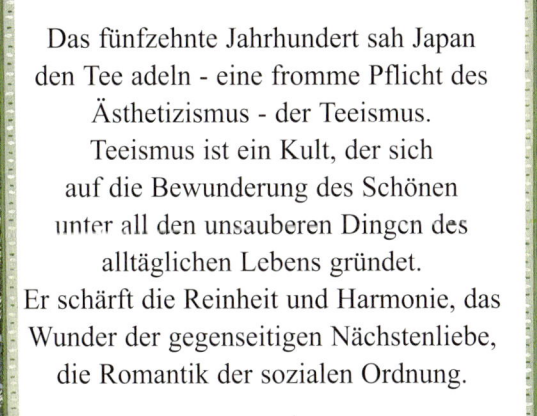

Das fünfzehnte Jahrhundert sah Japan
den Tee adeln - eine fromme Pflicht des
Ästhetizismus - der Teeismus.
Teeismus ist ein Kult, der sich
auf die Bewunderung des Schönen
unter all den unsauberen Dingen des
alltäglichen Lebens gründet.
Er schärft die Reinheit und Harmonie, das
Wunder der gegenseitigen Nächstenliebe,
die Romantik der sozialen Ordnung.

KAKUZO OKAKURA (1862-1913)

Van Strydonck

Das Geschenk Tee an die Welt

... der große Beitrag des Tees an die Welt liegt außerhalb von Kommerz, Kunst und Politik. Sein Geschenk ist der wohltuende Einfluß, den er auf das gesellschaftliche Leben der Menschen ausübt. Nicht nur in Japan ist das Teetrinken zu einem ästhetischen Kult geworden. Tee hilft überall, die Welt zu einem freundlicheren und netteren Plätzchen zum Verweilen zu machen.

GERVAS HUXLEY
AUS "TALKING OF TEA"

DIE JAPANISCHE TEE-ZEREMONIE

Tee wurde bei uns mehr als nur eine
Idealisierung des Trinkens; es ist eine
Religion der Lebenskunst.
Das Getränk wurde immer mehr zur
Entschuldigung für die Anbetung von Reinheit
und Vornehmheit, eine heilige Funktion, bei der
Gastgeber und Gast zusammen für diese
Gelegenheit die größte Seeligkeit des Weltlichen
schufen. Der Teeraum ist eine Oase in der trostlosen
Verschwendung des Daseins, wo sich trostlose
Reisende treffen können, um von der allgemeinen
Quelle der Wertschätzung der Kunst zu trinken.
Die Zeremonie ist ein improvisiertes Drama,
dessen Handlung um den Tee, die Blumen und

die Gemälde gesponnen wird.
Keine Farbe, die den Ton des Raumes stört, kein Geräusch, das den Rhythmus der Dinge beeinträchtigt, keine Geste, die sich der Harmonie aufdrängt, kein Wort, das die Einheit der Umgebung bricht, alle Bewegungen werden einfach und natürlich ausgeführt - das sind die Ziele der Tee-Zeremonie.

KAKUZO OKAKURA (1862-1913)

Toulouse-Lautrec

Tee bei Großmutter

Jeder Kenner wird bestätigen,
dass die Vorzüglichkeit von Tee
davon abhängt, wo man ihn trinkt.
Ein kürzlicher Überblick zeigt, dass
dies in aufsteigender Folge der Güte
so aussieht: aus einem Teebereiter,
im Zug, in einem Top-Restaurant,
bei einem Freund, zu Hause,
bei Oma.

STUART UND LINDA MACFARLANE

Geeignete Momente für das Teetrinken

Wenn das Herz und die Hände faul sind.
Müde nach dem Lesen von Gedichten.
Wenn die Gedanken gestört sind.
Hören von Liedern und Liedchen.
Wenn ein Song zu Ende ist. Abgeschieden
zu Hause beim Betrachten von Bildern.
Bei angeregter Unterhalten spät abends.
An einem großen Tisch vor einem breiten
Fenster. Mit charmanten Freunden und
schlanken Mädchen.
Nach der Rückkehr von einem Besuch
bei Freunden.
Wenn der Tag klar und der Wind mild ist.
An einem Tag mit leichten Schauern. In einem
gestrichenen Boot nahe einer Holzbrücke.
In einem Wald mit hohem Bambus.

In einem Pavillon, Lotus-Blumen an einem Sommertag betrachtend.
Wenn man ein Räucherstäbchen in einem kleinen Studio angemacht hat.
Wenn ein Fest vorüber ist und die Gäste gegangen sind.
Wenn die Kinder in der Schule sind.
In einem stillen, abgelegenen Tempel.
In der Nähe von berühmten Quellen und merkwürdigen Felsen.

HSÜ TS'ESHU, AUS "CH'ASU"

GESCHMACK - EIN SANFTES "HOCH"

Trinke Tee, damit Dein Verstand lebendig und klar wird!

WANG YUCHENG, SUNG DYNASTIE (CA. 954-1001)

Während unseres Abstiegs (vom Everest) gab uns Indischer Tee ständig Mut und Kraft.

SHERPA TENZING

Ein großer Teil des Vergnügens, den Tee uns bereitet, ist, dass man "high" wird ... es ist ein "Hoch", bei dem man kaum das Hochgehen oder Herunterkommen bemerkt, und doch geht es gerade um dieses "Hoch", deshalb wurde dieses Getränk entwickelt und ständig von Generationen von Teeliebhabern über Jahrhunderte verbessert. Tee erhöht die mentale Wachsamkeit und Beweglichkeit, hellt die Stimmung auf, schärft die Empfindungen und erhöht den intellektuellen Scharfsinn.

JAMES NORWOOD PRATT
AUS "THE TEA LOVERS TREASURY"

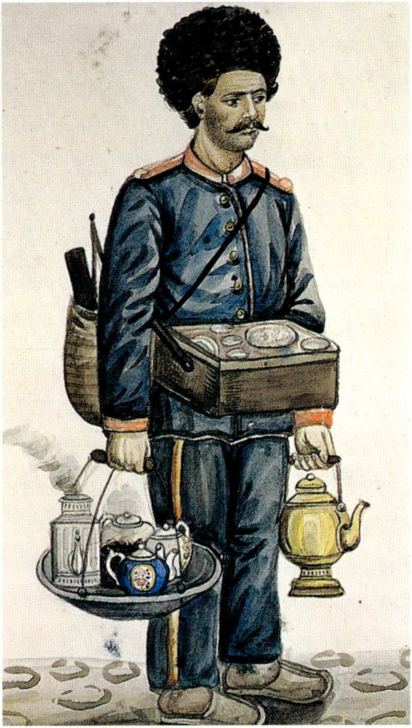

Er (mit Wasser und Milch zubereitet)
stärket die inneren Organe, verhinderet
Abnutzung und milderet kräftig die
Schmerzen in den Därmen
und im Magen sowie die Schlappheit.
Er ist gut bei Erkältung,
Wassersucht und Skorbut.
Richtig eingenommen, reiniget er
das Blut von Schweiß und Urin und
vertreibet Infektionen.
Er vertreibet auch alle Koliken,
die von inneren Winden herrühren
und reiniget die Galle.

THOMAS GARWAY
AUS EINEM WERBEBLATT FÜR TEE 1660

ÜBERLEBEN OHNE TEE

Was würde die Welt nur ohne Tee machen?
Wie hat sie existiert? Ich bin froh,
dass ich nicht vor dem Tee geboren bin!

SYDNEY SMITH (1771-1845)

Verbiete die Teepause und die
Wirtschaft bricht zusammen.

PAM BROWN, GEB. 1928

Wir haben seit einer Woche keinen Tee ...
Die Grundlage ist nicht da.

RUDYARD KIPLING (1865-1936)

Der aufrichtigste Ausruf nach dem Einkaufen ist der: "Ich könnte jetzt für eine Tasse Tee morden!"

PAM BROWN, GEB. 1928

Es ist nicht wahr, dass Teetrinken die Gewohnheiten beeinflußt. Selbst wenn man zwanzig Tassen Tee vierzig Jahre lang getrunken hat, wäre es genauso einfach, mit dem Teetrinken aufzuhören wie mit dem Atmen aufzuhören.

STUART UND LINDA MACFARLANE

Für mich ist jeder Tee, sogar wenn man nur einen Teebeutel in lauwarmes Wasser hält, besser als gar kein Tee.

SHERPA TENZING

Ignance Fantin-Latour, 1864

KRISE! DESASTER!

Während der Wehen oder wenn man halb
bewußtlos auf einer Trage liegt, aus dem Meer
geborgen oder von einem Berg gerettet:
"Könnte ich vielleicht eine Tasse Tee haben?"

PAM BROWN, GEB. 1928

Polizei, Mediziner, Sozialarbeiter, Feuerwehrleute
sie alle können zwei lebenswichtige Dinge:
wie man ein Baby auf die Welt holt und wie
man eine Tasse Tee bereitet.

CHARLOTTE GRAY

Frieden, Seelenruhe, Gelassenheit …

> Wenn ich Tee trinke,
> erlebe ich Frieden.
> Der kühle Atem des Himmels
> berührt mich und bläst meine
> Sorgen weg.

Lu T'ung,
Chinesischer Dichter der T'ang Dynastie, um 700

Man trinkt Tee, um die laute Welt
zu vergessen; nicht die, die reichlich
zu Essen haben und in
Seidenpyjamas schlafen.

T'EIN YIHING, UM 1570

Ich trinke Tee, esse Reis und nehme
die Zeit, wie sie kommt. Ich sehe hinunter
auf den Fluß und hinauf zum Berg.
Wie ruhig und gelassen
ich mich dabei fühle!

PAO-TZU WEN-CH'I

In trüben Zeiten

Welchen Teil einer Mitwisserin hat dieser arme Teekessel schon gespielt, seitdem wir diese freundliche Pflanze haben. Warum haben unzählige Frauen schon darüber geweint, ganz sicher! An welchen Krankenbetten hat er schon gedampft? Wieviele fiebrige Lippen haben schon Erfrischung von ihm bekommen!

WILLIAM MAKEPEACE THACKERAY
(1811-1863) AUS "PENDENNIS"

Man kann den ausgezeichneten Zustand der Ruhe schmecken und fühlen, aber nicht beschreiben, der vom Tee herrührt, diesem kostbaren Getränk, das die fünf Sorgen vertreibt.

CHI'EN LUNG
CHINESISCHER HERRSCHER (REGIERTE VON 1735-1795)

Edward Le Bas

Die siebte Tasse …

Die erste Tasse benetzt meine Lippen
und meine Kehle, die zweite Tasse
bricht mein Alleinsein, die dritte Tasse
erforscht mein trockenes Inneres,
um dort einige fünftausend
sonderbare Zeichen zu finden.
Die vierte Tasse bringt ein leichtes
Transpirieren - alles Schlechte im Leben
verschwindet durch meine Poren.
Mit der fünften Tasse werde ich
gereinigt; Die sechste Tasse ruft mich
in das Reich der Unsterblichen.

Die siebte Tasse - aber nein,
ich kann nicht mehr!
Ich fühle nur den Atem
kühlen Windes ...
Laßt mich auf dieser süßen Brise
reiten und mich dorthin schweben.

LU T'UNG,
CHINESISCHER DICHTER
DER T'AND DYNASTIE, UM 700

Stärke und Vorsatz

Hat man eine Tasse Tee getrunken und sich daran erfreut - ein erfrischender Schluck - und alle Unstimmigkeiten, selbst Feindseligkeit enden. Kopfschmerzen vergehen. Mut kehrt zurück.

AUTOR UNBEKANNT, AUS GRACE / SOMMER 98

Jeder gute Vorsatz und jedes großzügige Projekt erlangen Stärke und Erfolg und Bestimmtheit, wenn sie über einer Tasse Tee erhitzt werden.

JAMES HURNARD

Dale Kennington, USA

Auf der ganzen Welt

Eigenartig genug, die Menschheit ist sich bisher nur in einer Teetasse begegnet. Es ist das einzige asiatische Zeremoniell, das allgemeine Wertschätzung erfährt ... Der Nachmittagstee hat inzwischen eine wichtige Funktion in der westlichen Gesellschaft. Beim delikaten Klappern von Tabletts und Untertassen, beim leichten Hin- und Herhuschen weiblicher

Gastfreundschaft, bei allgemeinem Debattieren über Sahne und Zucker wissen wir, dass die Verehrung des Tees außer Frage steht ... in diesem einen Fall hat die orientalische Einstellung die unumschränkte Herrschaft.

KAKUZO OKAKURA (1862-1913)

Unter dem wohltuenden Einfluß (des Tees) haben wir etwas vom Geist des Konfuzius erlangt, eine Bereitschaft zu geben und zu nehmen, eine Abneigung, ein Argument schnell zum Abschluß zu bringen ...

Deshalb sollten wir jene als Wohltäter betrachten, die es uns in den letzten Jahrzehnten ermöglicht haben, unsere Leidenschaften zu verfeinern, unsere Nerven zu stärken und den Grad der Zivilisation zu fördern, den wir mit Hilfe "einer netten Tasse Tee" erreicht haben mögen.

STEPHEN H. TWINING
AUS DER EINFÜHRUNG ZU
"THE HOUSE OF TWINING"

Sich Zeit für einen Tee nehmen

Tee ist nur ein Teil des Rituals der
Tee-Zeremonie. Ordnung, Schönheit,
Disziplin, Geduld und Höflichkeit
weben sich um sie herum.
Sie ist das Zentrum einer erhöhten
Wahrnehmumg, eine Übung der
Konzentration, ein Moment
außerhalb der Zeit.

PAM BROWN, GEB. 1928

... laßt uns einen Schluck Tee trinken.
Die Nachmittagssonne erhellt den Bambus,
die Quellen sprudeln vor Entzücken,
das Seufzen der Kiefern ist in unserem
Kessel zu hören. Laßt uns von der
Vergänglichkeit träumen und in der
schönen Torheit der Dinge verweilen.

KAKUZO OKAKURA (1862-1913)

Patrick William Adam

Ein Tempowechsel

Eile nicht. Wenn Du Tee bereitest, hast Du Zeit. Möge der Tee eine Zuflucht sein, ein wirklicher Tempowechsel. Den Tee aufbrühen ist Teil des Teetrinkens und das wiederum ist Teil Deines Lebens. Laß Dich vom Tee sanft stimulieren, um zu bemerken, wie das kleinste Teilchen sich rührt und berührt wird von der Unendlichkeit.

JOEL DAVID UND KARL SCHAPIRA

BESONDERE AUGENBLICKE

"Das bloße Klirren von Tassen und Tellern bringt den Geist in eine glückliche Harmonie."

GEORGE GISSING (1857-1903)

Sonntagmorgen.
Tee und die Zeitung im Bett.

PAM BROWN, GEB. 1928

Das Summen des Teekessels ist ein beruhigendes Geräusch, das gleich nach dem Schnurren einer Katze kommt.

AGNES REPPLIER (1855-1950)

Goldener Augenblick
das Ende des Tages,
müde und erschöpft.
Ein paar Momente Ruhe,
Zeit zu entspannen,
eine Tasse starken Tee.
Langsam schlürfen.
Und die Farben kehren
in Dein Leben zurück.

STUART UND LINDA MACFARLANE

FRIEDLICHER ABEND

Nun entfache das Feuer und schließe schnell die Läden. Zieh` die Vorhänge zu, rücke das Sofa zurecht, und laß uns den friedlichen Abend willkommen heißen, während der blubbernde und laut zischende Teekessel eine Dampfsäule hochschießt und die Tasse Tee, die aufmuntert, aber nicht trunken macht, auf jeden wartet.

WILLIAM COWPER (1731-1800)

Sicher kennt jeder die göttlichen Freuden, die ein winterliches Kaminfeuer bringt: Kerzen nachmittags um vier Uhr, herzliche Umarmungen, Tee, Vorhänge, die kunstvoll bis zum Boden hinunter fließen, während Wind und Regen draußen hörbar toben.

THOMAS DE QUINCEY (1785-1859)
AUS: "CONFESSIONS OF AN ENGLISH OPIUM-EATER"

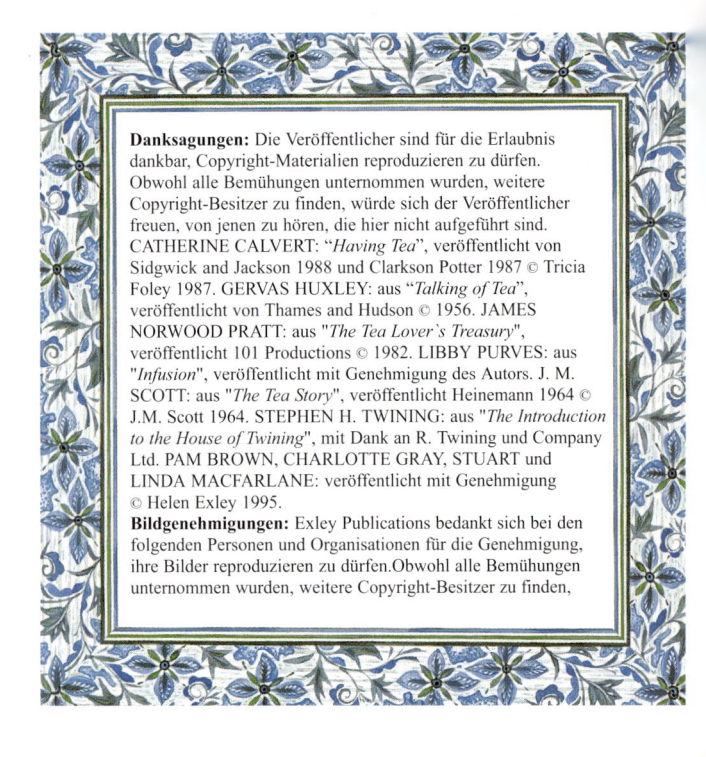

Danksagungen: Die Veröffentlicher sind für die Erlaubnis dankbar, Copyright-Materialien reproduzieren zu dürfen. Obwohl alle Bemühungen unternommen wurden, weitere Copyright-Besitzer zu finden, würde sich der Veröffentlicher freuen, von jenen zu hören, die hier nicht aufgeführt sind. CATHERINE CALVERT: "*Having Tea*", veröffentlicht von Sidgwick and Jackson 1988 und Clarkson Potter 1987 © Tricia Foley 1987. GERVAS HUXLEY: aus "*Talking of Tea*", veröffentlicht von Thames and Hudson © 1956. JAMES NORWOOD PRATT: aus "*The Tea Lover`s Treasury*", veröffentlicht von 101 Productions © 1982. LIBBY PURVES: aus "*Infusion*", veröffentlicht mit Genehmigung des Autors. J. M. SCOTT: aus "*The Tea Story*", veröffentlicht Heinemann 1964 © J.M. Scott 1964. STEPHEN H. TWINING: aus "*The Introduction to the House of Twining*", mit Dank an R. Twining und Company Ltd. PAM BROWN, CHARLOTTE GRAY, STUART und LINDA MACFARLANE: veröffentlicht mit Genehmigung © Helen Exley 1995.

Bildgenehmigungen: Exley Publications bedankt sich bei den folgenden Personen und Organisationen für die Genehmigung, ihre Bilder reproduzieren zu dürfen. Obwohl alle Bemühungen unternommen wurden, weitere Copyright-Besitzer zu finden,